什麼是 公義 ？

作者：HELLO BONNIE 國際親子台

 ×

― 序 ―

埋稿之時，正值中秋，一個渴望團圓的節日。不過，對我們來說，這幾年間，說得最多的，反而是悲歡離合。

明月光照下，一顆又一顆的赤子之心，無懼險阻，堅持向這時代的每一位大人小朋友顯明公義。這個她說，無悔守護羊的一方；另一個她說，因為良知，她只能擇善固執。她們與他們，用行動用身教行出了「什麼是公義」。

常分享道，小朋友不是聽我們說應該做什麼，他就會做什麼。他們善於觀察，內心澄明，唯有當我們做到口中所說的，孩子才能真正學懂箇中意思。

用繪本跟孩子說故事，是一種價值觀演習，讓孩子知道人生面對不同情況下，可以作出的選擇。但真正能內化成為信念與行動的，還看我們做父母的如何活出人生。

多謝正在堅持的你，令我們依然相信，即使世上再沒有童話，但總有人願意堅持做正確的事。

曾經以為社會不斷進步，將會迎來民主與自由，小朋友不用再看《動物農莊》，彷彿以後跟小朋友說「豬」的故事，可以是有關Peppa pig 玩泥漿多於Nepoleon 談七條。

可惜，事實卻有如《動物農莊》中的情節。世途險惡，但公義從不缺席。

也許今天未能親眼看到，但願孩子可以堅持「行公義、好憐憫，存謙卑的心」，為我們見證公義的來臨。

感謝栽種，感謝一起播下種子，感謝不忘良知與正直的各位，感謝你看到這裡。

熱情推薦 ♡

我過去30多年經營童裝公司，在店舖見過好多小朋友。
而過去三年，我以商人身分站出來支持香港民主運動，
入嚟店舖買嘢嘅香港人就理所當然係同一理念。
我特別留意到佢哋帶入嚟嘅小朋友係滿面笑容。
小朋友喺年幼時被灌輸正確嘅價值觀係非常重要。

我同Bonnie認識咗三年，非常欣賞佢一路以來堅持小朋友年幼時就要開始灌輸正確普世價值觀。
我決定我下半世人一定要支持Bonnie呢一類創作人！

———— 周小龍
Chickeeduck 創辦人

如果可以的話，我真的希望小朋友，只看雪姑七友和ELSA公主的冒險故事，我希望他們接觸的最大煩惱，
只是到底吃巧克力雪糕還是士多啤梨蛋糕比較好；我希望他們認知的壞人只是壞心腸的皇后，
或者吃小紅帽的大灰狼；我最希望就是每一個故事都有完美的結局，每一天都是被小鳥叫醒的美好早晨。

可惜世界再無童話，兒童再沒有豁免的特權，那些本來只屬於成年人世界的政治，步步進逼，三隻小豬無
處可逃。

既然不能逃，就只能睜開眼，認識這個世界。小朋友不需要做甚麼驚天動地偉大的壯舉，只需要透過繪本，
透過一頁頁的故事，告訴他們，甚麼是「常識」。

常識就是，原來公平的選舉是這樣進行的
常識就是，原來投票權應該是平等享有的
常識就是，原來人民有權發出不同聲音的
常識就是，原來現實世界是不符合常識的……

或許，這部繪本仍然是一部童話，在描繪美好世界的正常運作，那裏會有人聽你的說話、尊重你的意見、保
護你的權利；小朋友看完如果對真實世界有點失望，不要緊的，就像一代一代的母親都會鼓勵自己的孩子：
總有一天你會遇到白馬王子，總有一天，你會過上幸福快樂的生活。

———— 曾志豪
傳媒人
前香港電台節目主持

熱情推薦 ♡

Bonnie讀政政系，做助教。她說當了媽媽後再進修親子教育，細想，跟我自己走過的路何其相似。
正如Bonnie說，當時只知自己選擇過不同的路，投入生命設下不同的角色。不過，原來兩者是有關連的。
一個關心政治的女子，明白政治是眾人之事，就會不甘於自掃門前雪。
明白政治是生活的一部份，無論在哪裏，她都想教導孩子從小明白政情和生活的關係，
不甘於孩子學業進步，對鄰舍卻步。
一同看過大小的選舉、聽過無數漂亮的民主口號，做母親的就想跟孩子一同探究選舉、民主背後，
有何目的和意義，需要哪些條件？土壤？
Bonnie的繪本，正好教家長點一盞燈，讓孩子日後能明辨民主的真偽，管治的好壞，做個更好的公民。

―――― 莫宜端
資深新聞從業員
言語治療師

坊間對民主制度的評論，很容易會把民主簡化為選舉，而選舉就只不過是投票。
現實上，不是所有的投票都可稱為民主選舉，世上假裝民主的選舉數之不盡。

讓小孩子認識民主選舉的目的和意義，以及民主選舉所需的具體條件，可以協助他們日後面對選舉時
能明辨真假。

―――― 梁啟智
時事評論員

目　錄

公義 JUSTICE

To give one his / her due,
or what he / she deserves.
是給予一個人所應得的

正義和平等，
一樣嗎？

高度...

力量...

漂亮...

平等、公平、公義
EQUAL　EQUITY　JUSTICE

原來它們是不同
的概念?

當我們想看球賽:

平等
EQUAL

我們得到的木箱
是一樣 (same)
的多。

公平
EQUITY

我們得到不同箱子後，可以在同一個視線上看球賽。

公義
JUSTICE

我們在制度上改變，讓人有平等機會參與。

一個人是否得到公義的對待，
先要看那標準是否公平。

在比賽，根據的是表現；
在選舉，根據的是政治平等；
在分配，根據的是需要。

平等是：
給大家一樣
的食物。

公平是：考慮大家的狀況，
按需要給大家食物，
讓大家也能吃飽。

**公義是：
從根本改變。**

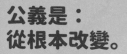

給大家每人
一袋麵粉，

教大家如何
自己做曲奇餅。

《公民權利和政治權利國際公約》第26條規定:

法律面前人人平等,亦受到法律的平等保護,無所歧視。法律應禁止任何歧視,並保證人人享受平等而有效之保護,以防因種族、膚色、性別、語言、宗教、政見或其他主張、民族本源或社會階級、財產、出生或其他身分而產生的歧視。

All persons are equal before the law and are entitled without any discrimination to the equal protection of the law. In this respect, the law shall prohibit any discrimination and guarantee to all persons equal and effective protection against discrimination on any ground such as race, colour, sex, language, religion, political or other opinion, national or social origin, property, birth or other status.

EQUAL JUSTICE UNDER LAW

正義：給予每個公民公平對待

對歧視說不：種族歧視、性別歧視、階級歧視，都是不正義的。

公民參與：公民有平等的參與權利，沒有人可享有不合理的特權。

教育：所有人都有平等的競爭機會。義務教育確保出身不同的小孩子，也有機會接受教育。

"DIKAIOSYNE"
正義女神

希臘神話中代表公正，
公平判決的權利和法律
的正義女神。

天秤 象徵 公平、公正的審判。

長劍 象徵 制裁罪犯的正義武力。

眼罩 象徵 平等、客觀、不徇私、
一視同仁的法治精神。

法律上的公義

給予犯罪者應有的懲罰

當無辜者被懲罰，這就是不正義。

公義：

建基於一個我們都接受的遊戲規則，
給那個人所應得的獎勵或懲罰。

其實即使是小朋友，
也知道對錯、是非與黑白的。

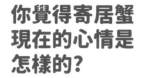

你覺得寄居蟹現在的心情是怎樣的?

擔心,因為貝殼被破壞了。

不開心。

所以,即使是小朋友,也能明白別人的需要及感受的。

當大家能將心比己，
理解別人的處境，
不以個人需要為尺，
也許我們的社會就
可以離公義更近。

行公義、好憐憫，
存謙卑的心。

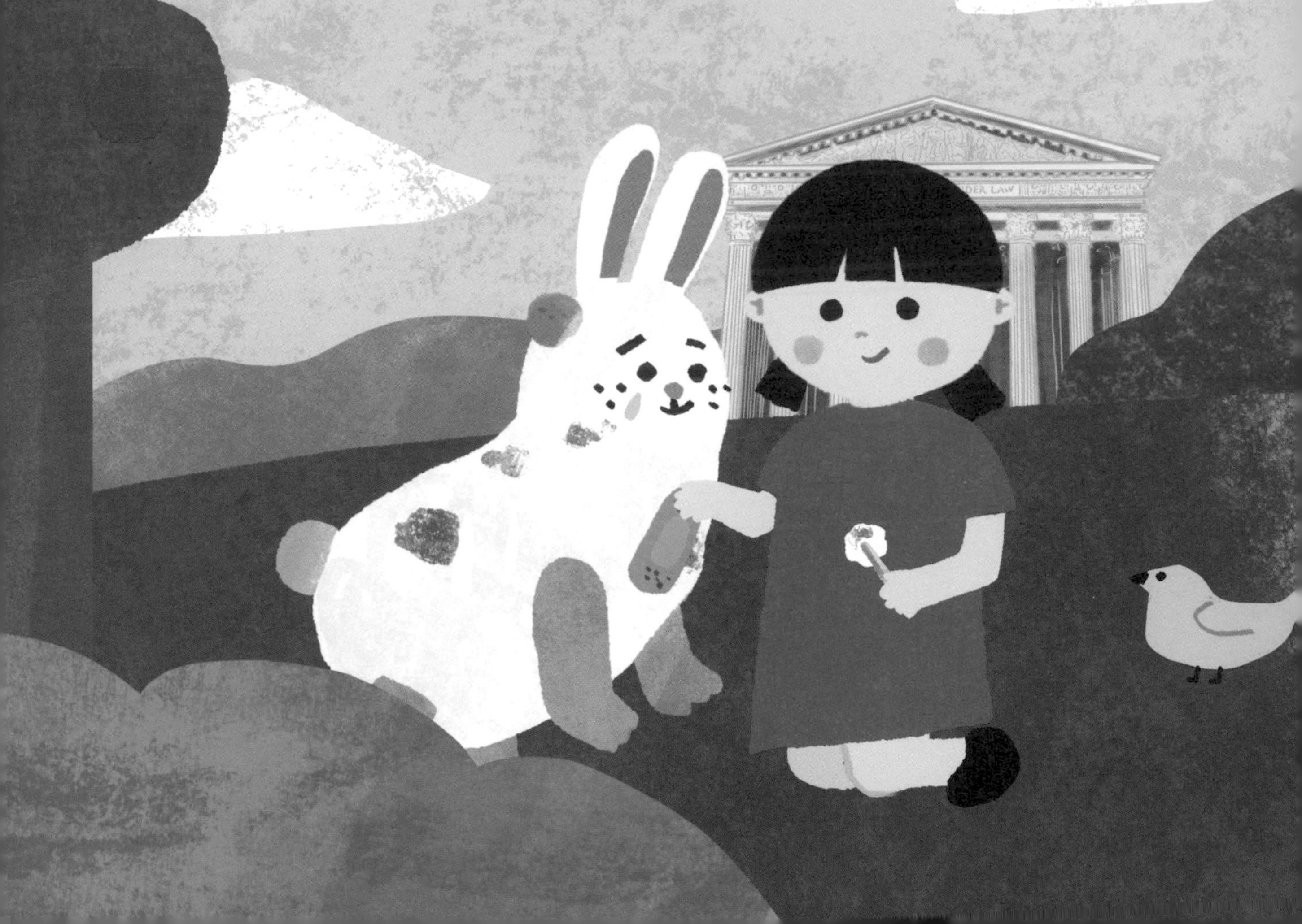

為受傷的人送上安慰，
為受欺壓的人平反。

給每個公民平等的關心和尊重，
是每個政府及國家應盡之義。

亂世中，更需要有良知，
明辨是非的下一代。
別小看自己播下的種子。

請好好守護自由與民主，
捍衛這些普世價值，
也守護了社會公義。

掃瞄 QR Code，
下載工作紙亦可！

① 小朋友，希望你也可以替公義播下更多種子！
看完《什麼是公義》後，你喜歡嗎？(請在適當的表情填上顏色)

很想再看一次　　　　很好看　　　　　不肯定　　　　　不喜歡

② 你認為公義是什麼?

這是

這是

公義是...

_____

_____

_____

_____

③《動物農莊》中, 最重要的是原則是什麼?

④ 你覺得這樣公平嗎?為什麼?

⑤ 10個麵包分給五個人？怎樣才是公平？怎樣才是公義？

● 每人兩個？

● 大人兩個、小朋友一個？

● 衣衫襤褸的有兩個、衣着光鮮的有一個？

⑥ 在不公義的社會，會發生什麼事？

⑦ 以下那一種行為，是追求公義的方法？

○ 抗議示威

○ 救濟窮人

○ 教育大家公義
的真正意義

○ 關心社會

○ 為不公平不合理
的事發聲

放眼看世界，感受公義

俄羅斯烏克蘭戰爭

非洲部落女性不能上學

黑人不能一起進入場所

和平示威被捕

小知識

1954-1968　非裔美國人民權運動
**　　　　　圖為五位民權運動領袖**

小朋友，恭喜你！

你已經成功掌握「公義」的概念了。

請在正義女神上畫上你的樣子，並寫上你的姓名。

童心看世界系列

跟孩子談民主、公義與自由！

全新繪本
適合3-6歲

童心看世界系列 - 什麼是公義？

作者｜HELLO BONNIE 國際親子台
編輯｜HELLO BONNIE 國際親子台
繪圖及排版｜Jo

出版｜希望製造有限公司
地址｜臺北市松山區民生東路三段130巷5弄22號二樓
電話｜02-2546 5557
合作出版｜釀出版
印製發行｜秀威資訊科技股份有限公司
總 經 銷｜聯合發行
出版日期｜2022 年 10 月
版次｜第一版
2023年10月 二刷
ISBN 978-626-96009-6-0
定價｜380元